LES DROITS,

PRIVILÈGES ET PRÉROGATIVES

DES ROIS DE FRANCE.

LES DROITS,

PRIVILÉGES ET PRÉROGATIVES

DES ROIS DE FRANCE.

Habet.... Venerationem justam quidquid excellit.
CICER. *De naturâ deorum.* I c. 17.

Ce qui excelle a droit à nos hommages.

A PARIS,

Chez
{
CHAIGNIEAU aîné, libraire, rue de la Monnaie, n° 11.
LE NORMANT, libraire, rue de Seine.
BARBA, libraire, Palais-Royal, n° 51.
COLNET, libraire, quai Voltaire.
DELAUNAY, libraire, Palais-Royal, galerie de bois.
}

IMPRIMERIE DE CHAIGNIEAU AÎNÉ.

1814.

LES DROITS,

PRIVILÈGES ET PRÉROGATIVES

DES ROIS DE FRANCE.

L'ANTIQUITÉ du royaume de France, depuis sa fondation jusqu'à nos jours, est constatée d'une manière si authentique, qu'il serait absurde de vouloir nier aujourd'hui que c'est le plus ancien de ceux qui ont existé et qui existent encore.

Sans admettre le calcul de certains historiographes qui feraient remonter l'origine de cet empire sous le consulat de Cicéron, et soixante-douze ans avant J. C. (ce qui lui donnerait actuellement une durée de 1886 ans), il n'en est pas moins constant, que si l'on borne cette proposition à l'opinion la plus commune de l'établissement de la monarchie sous le règne de Clovis, ce même royaume aurait encore subsisté plus long-temps que tous les autres.

Les Mèdes, les Perses et les Assyriens, les Grecs et les Romains ont successivement occupé l'empire du monde. Dans la scène mouvante de l'histoire, on voit les nations les plus florissantes disparaître pour faire place à des vainqueurs devenus maîtres de leurs biens, de leurs noms et des personnes elles-mêmes, qu'ils assujétissent à leurs usages et à leur condition.

Notre pays seul semble avoir résisté au torrent de ces vicissitudes politiques. Il est vrai pourtant que, pendant cette longue durée du royaume de France, il a éprouvé quelques révolutions dont la plus terrible, celle de 1793, avait tellement ébranlé le trône de nos Rois, que leur famille semblait en être éloignée pour long-temps. Mais à ces temps nébuleux a succédé un jour serein qui répand aujourd'hui sur le sol français une lumière vivifiante et expiatoire, et fait présager un heureux avenir.

Et quantùm tetricæ tulére febres
Aut languor gravis, aut mali dolores
A vitâ meliore separentur.

MARTIAL.

Si c'est déjà pour un Roi de France un assez beau privilège de commander à un peuple d'une antiquité aussi reculée, à un peuple dont le nom s'est conservé avec ses principaux droits et les traits les plus frappans de son caractère national, malgré les vicissitudes du sort et les révolutions de la fortune, c'en est un bien plus précieux encore, sans doute, de régner sur une nation telle que la nôtre, si connue par son attachement et sa fidélité à ses Rois.

Les abus d'un pouvoir féodal excessif, et d'une religion quelquefois ambitieuse et souvent intolérante, ont seuls causé, à certaines époques, quelques troubles dans l'intérieur. Mais le peuple français, plus sensible aux bons qu'aux mauvais traitemens, souffrit en silence les maux qu'il avait reçus quelquefois de quelques-uns de ses Rois, et ne conçut jamais l'idée de s'en venger sur eux-mêmes. On oublia bientôt les cruautés de *Louis XI*, de *Charles IX*, et jamais on ne perdit la mémoire des bienfaits de *Louis XII* et de *Henri IV*. Les deux *premiers* ne furent point appelés les *cruels*, et les deux autres ont été nommés *Père du peuple*, et *bon Roi*.

L'époque de 1793 serait une exception inouie jusqu'alors, qui ne ferait que confirmer la règle, quand bien même le peuple y aurait pris spontanément une part active, ce qui n'est pas et ne pouvait pas être.

Mais les évènemens de 1814, appelés par les vœux de la saine partie de la nation, sont de nouveaux argumens qui la vengeraient d'ailleurs de toute accusation.

C'est sans doute ce même attachement, ce dévouement sans borne, cette fidélité des Français envers leurs souverains, qui a donné naissance à la plupart des droits et privilèges des Rois de France. Cet accord de la nation, cette confiance qu'elle a toujours eue dans son chef, l'a engagée à l'investir d'un pouvoir dont elle était persuadée qu'il ferait un bon usage pour le plus grand avantage de l'Etat. Si elle a eu quelquefois à regretter cet abandon, elle a eu plus souvent à s'en féliciter.

Ces privilèges sont les différens fleurons de la couronne de France; il convient aujourd'hui de les recueillir pour les y rattacher; et si je ne puis y réussir comme je le voudrais ,

« J'aurai du moins l'honneur de l'avoir entrepris. »

Pour procéder avec quelque méthode, je crois devoir parler d'abord des droits à la couronne par voie de succession.

§. Ier.

Privilège résultant de la Loi salique, et droit de succession à la Couronne.

Si l'on en croyait nos anciens auteurs et jurisconsultes, rien de plus certain, de plus authentique que l'existence de la loi salique; qui réglait, chez les anciens Francs, l'ordre de succession au trône, et excluait les femmes de la couronne de France.

Mézeray et *Velly* attribuent à *Pharamond* la rédaction de la loi salique; *Daniel* prétend qu'elle fut l'ouvrage de *Clovis*; le président *Hénault* répète que cette loi fut rédigée par ce Roi en 511. Nous avons même deux éditions de cette loi, qui ne diffèrent que dans les termes. L'une est de *Hérold*; l'autre a été donnée successivement au public par *Dutillet*, *Pithou*, *Baluse* et *Bignon*.

Quelques écrivains modernes ont nié que cette loi ait jamais existé. Ils la relèguent au nombre des fables ou des mensonges imprimés.

Il paraît cependant probable, dit un historien moderne, que la loi salique fut rédigée avant le règne de Clovis, mais que plusieurs changemens y furent successivement introduits. Au reste cette loi était un composé d'articles , dont quelques-uns purent être rédigés à la droite du Rhin , les autres ajoutés successivement dans les assemblées du *Champ-de-Mars*.

L'article de la loi salique, dont on a parlé plus fréquemment, est celui où se trouve prononcée l'exclusion des femmes de la terre salique, et que tous nos auteurs ont donné comme une preuve de l'hérédité du trône de France de mâle en mâle, à l'exclusion des femmes. En voici le texte précis : *De terrâ verò salicâ in mulieres nulla portio hœre-ditatis transit , sed hoc virilis sexus acquirit.* (Leg. sal. ant. tit. 62.)

Les auteurs et publicistes français ont developpé avec la plus grande étendue ce texte original, pour en faire une loi fondamentale de la succession au trône :

« Sans laquelle loi salique , très-ancienne , per-« pétuelle et inviolable loi de la couronne de « France (dit Dumoulin) , quand la lignée mas-« culine de Philippe-le-Bel défaillit (ce qui ar-« riva l'an 1338), Edouard de Windsor , Roi « d'Angleterre , fils d'Isabelle de France , fille « aînée dudit Philippe , eût succédé à la cou-

« ronne de France et en eût été le vrai Roi. Mais
« au moyen de ladite loi salique , Philippe de
« Valois, quoique plus lointain en degré , toute-
« fois parce qu'il était mâle, descendant de mâle ,
« succéda à la couronne de France , et en fut
« couronné Roi, *suivant ladite loi salique , à la-*
« *quelle* ledit Edouard, *la chose débattue et exa-*
« *minée , acquiesça.* »

De semblables jugemens furent rendus contre
Charles, Roi de Navarre, et Henri, Roi d'Angleterre.

Quoi qu'il en soit, au surplus , de l'existence
et de l'authenticité de cette loi, elle peut être
ou suppléée ou interprêtée, par une coutume im-
mémoriale , le meilleur commentaire des lois.

Voltaire lui-même, antagoniste de la loi salique , comme de toutes les institutions qui se
perdent dans la nuit des temps, ne peut s'empêcher d'en reconnaître les effets.

« On ne peut contester, dit-il, la coutume passée
en loi, qui veut que les filles ne puissent hériter
de la couronne de France, tant qu'il reste un
mâle du sang royal. Cette question est décidée
depuis long-temps; le sceau de l'antiquité y est
apposé; si elle était descendue du ciel, elle ne

serait pas plus révérée de la nation française. Elle s'accommode mal avec la galanterie de ce peuple, mais c'est qu'elle était en vigueur avant que le Français fût galant. »

Lorsqu'au milieu des vicissitudes de la fortune de Henri IV, Philippe II, Roi d'Espagne et le duc de Mayenne faisaient assembler les états-généraux à Paris, lorsque les Espagnols et les Italiens y avaient une nombreuse garnison, lorsque le pape Clément VIII envoyait un bref à son légat pour lui ordonner de procéder à l'élection d'un Roi, le parlement, alors retiré à Châlons, eut le courage de résister aux menaces et aux séductions, et de soutenir la loi salique, ce qui, suivant Voltaire, contribua à sauver la France.

Si c'est seulement un ancien usage qui a réglé cet ordre de succession au trône, il faut avouer qu'il est respectable et d'une utilité évidente pour empêcher les troubles, les interrègnes et les guerres intestines et domestiques. Ce n'est donc pas, comme dit *Mézerai*, parce que *l'imbécillité du sexe ne lui permet pas de régner*, ce n'est pas non plus, comme l'a dit un autre historien, parce que *les lis ne filent pas. Elisabeth* et *Anne* d'Angleterre, *Christine* et *Catherine*, chez les nations voisines et chez nous la *reine Blanche*, *Anne de Bretagne*, *Catherine* et *Marie de Médicis* n'ont-elles pas donné un démenti formel à ces grossières assertions, en régnant véritablement de la manière la plus absolue?

Mais ce qui chez les autres peuples était un effet libre et spontané de leur volonté ou de leur consentement, était en France un abus de pouvoir contre les lois fondamentales du royaume, contre un usage aussi ancien que la monarchie, et dont la France seule n'a jamais voulu s'écarter. Je ne veux pas faire une longue discussion sur le droit d'hérédité au trône ; mais, pour compléter cet article, il faut qu'on me permette encore quelques observations succinctes.

Sous les deux premières races de nos Rois, les Français ont toujours eu pour coutume de choisir leurs Rois dans la race ou succession des Rois derniers morts. Ils n'élurent pas *Charles-le-Simple* aussitôt après la mort de *Charles-le-Gros*, parce qu'il était alors enfant et de corps et d'esprit, qu'il n'était pas encore capable de gouverner un royaume, et qu'il eût par conséquent été dangereux de l'élire, tandis que la nation était exposée à la persécution des Normands ; c'est en

ces mots que parlait alors , au nom de la nation;
un archevêque de Reims.

On plaçait le prince sur un bouclier ou pavois;
plusieurs guerriers l'élevaient en l'air , et faisaient
avec lui quelques évolutions militaires au milieu
d'un gros de soldats.

C'est à cette liberté du choix que Pépin et
Hugues Capet durent leur élection , quoiqu'ils
ne fussent pas les plus proches héritiers de leurs
prédécesseurs. Depuis, on remarqua un change-
ment dans la succession à la couronne, qui fut
toujours réservée au premier prince royal.

« Cependant, dit à ce sujet Dutillet, le royaume
n'est pas purement patrimonial , ni la couronne
absolument héréditaire ; c'est une espèce de sub-
stitution graduelle faite par la loi de l'Etat , et
avec le consentement au moins tacite du peuple. »

§. I I.

Successibilité à la Couronne de l'Empire.

Quelques auteurs disent que c'est encore un
des privilèges des Rois de France de pouvoir être
élus *Empereurs et Rois* des Romains. C'était autrefois une disposition du droit public d'Allemagne ,

que l'Empereur ne pouvait être élu que parmi l'un des princes de l'Empire. Alors, cependant, *Balde* le jurisconsulte écrivait : *tamen Rex Franciæ potest eligi in Imperatorem , et est capax , nec posset papa impedire.*

Les publicistes français non contens de cette assertion qu'ils regardaient comme insuffisante , parce qu'elle n'était point revêtue de nombreuses citations , se hâtèrent d'invoquer les lois romaines, dont ils crurent tirer des argumens pour prouver la capacité de nos Rois. Il me semble très-inutile de se fatiguer dans de pareilles recherches. *Charlemagne* a porté vingt-sept ans la couronne de l'Empire unie à celle de France ; personne ne la lui a jamais contestée. Il l'a transmise couverte de gloire à ses descendans , qui en ont joui aussi long-temps qu'ils ont su la défendre.

La bulle d'or de Charles IV semble n'exiger , pour l'élection du Roi des Romains, d'autre condition que celle-ci , *que le prince en soit digne.* Or quel défaut de qualité , quelle incapacité pourrait s'opposer (*le cas échéant* , comme disent les jurisconsultes) à ce que *la couronne impériale des Romains* reposât encore sur la tête des Rois de France ?

Loin de trouver en eux aucune incapacité, on ne peut qu'y voir une aptitude ou *droit de successibilité* fondé sur celui de quelques-uns de leurs prédécesseurs. Si jamais, par la suite des temps, la circonstance favorable se présentait aux diètes ou congrès de l'Empire, pourquoi un Roi de France ne pourrait-il pas s'y présenter comme un des plus augustes candidats ?

François Ier nous en fournit la preuve, lorsqu'il disputa à Charles-Quint la couronne de l'Empire. Si ce dernier réussit, ce fut à l'aide d'une politique plus adroite. D'ailleurs, l'imprudente franchise de son généreux rival avait déjà secondé ses projets.

Lorsque j'ai parlé de *la couronne impériale des Romains*, j'ai voulu faire disparaître ainsi toute équivoque ; car les vœux des souverains et le consentement de la nation peuvent toujours ériger en *Empire* le Royaume qu'ils gouvernent. Nul peuple en Europe n'a contesté aux Czars le titre d'*Empereurs*, qu'ils ont pris récemment. La cour du prince, chef de l'Eglise, n'est plus la *dispensatrice* de ces titres des souverains, et la *prédominance* des Empereurs sur les autres Souverains de l'Europe n'est plus d'ailleurs qu'une chimère.

§. I I I.

Prérogative du Nom.

Ce n'est pas une chose indifférente d'avoir le droit de porter un beau nom ; car, comme dit le sage : « *meliùs est bonum nomen quàm divitiæ* « *multæ.* »

Le nom de Roi de France est sans doute beau et noble en lui-même ; il a toujours été honoré d'une manière particulière chez les nations étrangères, ainsi que dans les lois et les décrétales des papes.

Les Rois d'Angleterre, de Hongrie, d'Ecosse, des Goths, de Navarre, de Castille, d'Arragon, de Sicile, y sont désignés par ce simple titre. Le Roi de France au contraire y est décoré des épithètes distinguées de *Rex gloriosissimus, excellentissimus, illustris, perillustris.* L'Eglise lui a aussi donné le nom de *fils très-chrétien*, comme on le voit peut-être pour la première fois dans *l'Extravagante de Jean XXII.*

Au surplus, nos Rois n'ont jamais fait ostentation de ces titres pompeux dans les actes émanés d'eux.

Ilsne s'annoncèrent jamais, ainsi que le faisaieut

jadis quelques souverains de l'Europe , avec l'énu-
mération de tous leurs droits ou de tous les pays
de leur obéissance. Ils signaient sans faste : *Henri*
de Navarre, *Henri* de Bourbon, *Louis*, etc.

C'est ici le lieu d'observer que , par deux arrêts
du parlement , il fut défendu aux sujets du Roi de
le désigner par le titre du *Roi très-chrétien* , parce
que cette manière de parler dans la bouche des
Français semble annoncer qu'il s'agit d'un prince
étranger.

Mais si la bravoure , les vertus , la fidélité de
nos Rois à l'Eglise , et les nombreux services qu'ils
lui ont rendus , leur ont mérité des titres sous lesquels le plus grand nombre d'entre eux a été souvent désigné, il est d'autres épithètes non moins
glorieuses qui ont été distribuées à quelques-uns
d'eux pour leur mérite particulier. C'est la voix
du peuple qui les leur a données et qui les leur
conserve ; c'est un présent de la reconnaissance
des fidèles français , et en quelque sorte le sceau
de l'immortalité. Ainsi ce grand guerrier , *Charles*,
fut surnommé *Martel* , du nom de Mars. Son
petit-fils , *Charles-le-Grand* , dut le nom de *Char-*
lemagne , qu'il a toujours conservé depuis , à sa
magnanimité , à sa prudence , à ses vertus. *Hugues*

Capet, chef de la troisième race de nos Rois, fut ainsi appelé, suivant les uns, parce que c'était un grand et brave guerrier; et quelques autres, parmi lesquels le savant Pasquier, attribuent ce surnom *au bon sens qui était en lui. Philippe II* fut nommé le *Conquérant*, parce qu'il avait conquis et réuni à sa couronne tout ce que les anglais possédaient en France. *Louis le Pieux* mérita ce titre par ses vertus et son dévouement au culte de ses pères. Charles V, dit le Sage, à cause des précieuses acquisitions qu'il fit faire à la France en y répandant les lumières, les sciences et les vertus.

Sans parler des épithètes tirées des qualités physiques, reportons-nous avec complaisance à celles dont on gratifia les grands Rois, et ceux qui méritèrent l'amour du peuple ; ainsi *Louis XII*, fut appelé *le père du peuple; François Ier, le Clément et Zélateur des belles-lettres ; Henri* son fils, *le Belliqueux ; Henri IV, le Grand* et *le Bon ; Louis XIII, le Juste ; Louis XIV, le Grand; Louis XV, le Bien-Aimé ; Louis XVI, l'Ami du peuple* qui, aveuglé par le fanatisme de quelques intrigans séditieux, fut la cause passive de son meurtre ; *Louis XVIII, le Désiré,* appelé par le suffrage général pour monter sur le trône de ses pères, et réparer les maux faits pendant son éloignement.

§. I V.

Prérogatives des Armes et Ecussons.

Il y a beaucoup d'obscurités au sujet des armoiries de nos anciens Rois, et surtout par rapport à leur origine. Suivant les uns ils portaient sur leurs écussons des crapauds, ou quelque chose qui en avait la figure ; selon les autres c'étaient des abeilles ; quelques-uns veulent qu'ils n'aient connu les écussons et armoiries que vers le 12ᵉ sciècle.

Le père Chiflet a remarqué que l'usage des armoiries sous le règne de Louis-le-jeune n'était en usage entre les princes et les chevaliers que lorsqu'ils allaient à la guerre ; que ce n'étaient point des enseignes communes à toute leur maison, mais seulement des marques particulières de distinction.

C'est aussi ce que nous apprennent Henri de Valois et Jean Hertius, lorsqu'ils nous prouvent que les anciens Français ne connaissaient pas de noblesse héréditaire et permanente, due au hasard de la naissance; mais que ceux dont les belles actions avaient mérité les faveurs particulières de la nation et du Roi, étaient investis de privilèges utiles et honorables.

Les armoiries anciennes de nos Rois, dit Pasquier, étaient, selon moi, des devises telles qu'il plaisait à chacun de choisir ; comme de notre temps nous avons vu le Roi *François I*er avoir pris pour sa devise la *Salamandre*, et le roi *Henri* son fils, *le Croissant*. C'est ainsi que les anciens auteurs estimèrent chacun en son endroit que les armoiries de France fussent, les uns, *trois Couronnes*, les autres *trois Croissans*, les autres *un Lion portant sur sa queue un aigle*, les autres *trois Crapauds* jusques à la venue de *Clovis*, lequel, pour rendre son royaume plus miraculeux, se fit apporter par un hermite, comme par avertissement du ciel, les *fleurs de lis*, lesquelles se sont conservées jusqu'à nous.

Cette opinion peut donc s'accorder avec l'autorité d'un ancien historien, qui nous assure que, depuis la fondation de la monarchie, les lis ont toujours plu à nos Rois.

Lilia nostris Regibus ab regno condito placuerunt.
PAP. MASSON. Annal.

Le Roi *Philippe VI* fit marquer en or l'écu et les armoiries de France ; avant le Roi *Charles VII*, l'écu de France était semé de fleurs de lis sans nombre, en champ d'azur. Ce fut lui qui les réduisit à trois.

Dans l'ordonnance rendue en 1560, par *Charles IX*, il est parlé de *l'écusson de trois fleurs de lis* que doivent porter les sergens royaux *pour être obéis et reconnus dans leurs exécutions.*

La plus saine opinion (disent les rédacteurs du Dictionnaire de Trévoux) est que ce fut *Louis VII*, dit *le Jeune*, qui prit le premier des fleurs de lis par allusion à son nom de *Loys*, et parce qu'on le nommait *Ludovicus Florus*. La monnaie battue sous son règne est du moins la première sur laquelle on ait vu des fleurs de lis.

Quant à la nature de ces lis, les uns prétendent que ce sont des figures de lis de jardin ; les autres des bouts de sceptre ; ceux-ci des pertuisanes françaises, nommées *francisques* ; ceux-là des iris, *flambes*, ou *pavilles*. La plus probable conjecture est que ce sont des *francisques*, parce qu'elles en ont conservé la figure.

L'ignorance de nos pères dans les arts du dessin, de la gravure et de la sculpture est sans doute la cause de l'obscurité de ce point d'histoire. Il a existé anciennement une décoration de Notre-Dame du Lis. C'était un ordre militaire institué par Garcias IV, Roi de Navarre en 1048.

Un nouvel ordre du lis vient d'être établi par le prince qui a repris avec le trône de ses pères les droits et les privilèges des armes et du nom des Rois de France.

Les Français voient avec plaisir renaître et refleurir le modeste lis sur leur ancien sol, trop long-temps dévasté par les serres d'un aigle terrible.

§. V.

Indépendance par rapport aux autres Princes.

C'est sans doute le principal caractère de la souveraineté et son plus précieux avantage de rendre celui qui en est revêtu indépendant des autres princes comme des autres hommes.

Les Rois de France ont joui de cet avantage dans toute sa plénitude depuis un temps immémorial, à l'époque même où tous les souverains de l'Europe semblaient relever médiatement ou immédiatement de l'Empire. Le Roi de France seul n'était alors, comme il ne le fut jamais depuis, feudataire de l'Empereur ni de l'Eglise. On lit dans le Trésor des chartes ces propres paroles : « Le Roi pour cause de son temporel ne reconnaît pas de souverain ; car il est Empereur en son « royaume... Le Roi en sa personne est fontaine « et mer de droit commun, quant aux choses « qui lui appartiennent de son droit royal. »

Mais, outre les autres autorités qui développent ce principe, il semblait résulter encore de ce que ni l'un ni l'autre de ces souverains ne possédait aucun territoire en France ; ce qui a fait dire à un ancien et célèbre jurisconsulte italien, que l'Empereur n'avait pas plus de droit sur le royaume de France que les habitans du pôle antarctique.

Alexandre, austro-jurisconsulte étranger, remarque que c'est un privilège particulier des anciens Rois des Francs, que n'avaient pas obtenu les autres princes vaincus et soumis par les Romains, dont ils devenaient les tributaires.

Nous en trouverons une preuve dans nos fastes.

Lorsqu'*Arnould* se plaignait qu'on eût elu Charles le Simple sans demander l'avis de l'Empereur, un archevêque de Reims lui répondit :

« que ce n'était pas l'usage des Francs de demander, en pareil cas, l'avis d'aucun Roi plus grand ou plus puissant. »

Aujourd'hui ce principe est trop évident pour avoir besoin de preuves. Mais il fut un temps où les prétentions en auraient voulu faire une question douteuse. Elle fut cependant toujours décidée, même par les peuples et les jurisconsultes étrangers en faveur des Rois de France, et les armes de ceux-ci repoussèrent presque toujours avec succès les entreprises de quelques Empereurs qui voulaient persévérer dans le droit ridicule de la suzeraineté ou de la prédominance sur le royaume de France. Les siècles d'ignorance et de barbarie ont vu naître et s'éteindre de pareilles disputes.

Les publicistes qui traitent de la souveraineté, que des conventions particulières n'ont point limitée, disent dans ce cas : le souverain n'est tenu de rendre compte à personne ici-bas de sa conduite, ni sujet à aucune peine de la part des hommes, et il est au-dessus des lois humaines.

Différentes règles de notre ancien droit français conserveraient en quelque sorte ces principes.

La première portait : *qui veut le Roi, si veut*

la Loi. Elle confond, comme on voit, dans le même objet le Roi et la Loi, parce que la Loi, comme disait *le Bret*, réside dans la personne du Roi.

La seconde disait : *le Roi ne tient son Etat que de Dieu et de son épée.*

Enfin, une autre règle était : que tous les hommes sont sujets au Roi et lui doivent obéir. Quelques changemens dans l'attribution et hiérarchie des pouvoirs en ont apporté aussi dans ces deux premières règles ; la dernière est toujours vraie dans toute sa force et sans aucune exception.

Aujourd'hui le souverain, qui, pour le repos de la France, a saisi les rênes de l'Etat, a octroyé à ses sujets, par sa charte constitutionnelle, des droits dont ils jouissaient aux termes des différentes constitutions de 1791, de l'an 4, de l'an 8 et de l'an 12.

Suivant l'article 15 de cette charte, il divise avec la chambre des pairs et celle des députés le pouvoir législatif. Ainsi l'on peut dire avec plus de raison qu'autrefois *le germe de la loi est dans le cœur du Roi* ; sa volonté et celle des députés et des pairs la font éclore.

Outre les droits que le Roi ne tient, comme l'on

disait autrefois, que *de Dieu et de son épée*, il en est d'autres qu'il reconnaît en quelque sorte tenir de la charte constitutionnelle, qu'il a librement accordée à ses sujets et qu'il regarde comme une loi fondamentale de l'Etat, comme une convention qui lie et engage et lui-même et ses successeurs, puisqu'il y dit positivement : *le Roi et ses successeurs jureront dans la formalité du sacre d'observer fidèlement ladite charte constitutionnelle.*

Nous reviendrons bientôt sur le privilège des Rois de France, concernant le droit de faire des lois et ordonnances.

§. V I.

Privilèges des Rois de France au sujet des affaires ecclésiastiques.

Après avoir fait voir quelle a été et quelle est actuellement l'indépendance des Rois de France au dehors et au dedans quant aux affaires politiques en général, il est naturel de parler de cette même indépendance sous ce double rapport quant aux affaires spirituelles et ecclésiastiques.

Personne n'ignore quelles furent trop souvent les prétentions plus ou moins exagérées des chefs de l'Eglise. Ces ministres de paix prêchèrent trop souvent les guerres civiles et les révoltes des peuples contre leurs princes ; ces vicaires d'un Dieu pauvre et modeste ne respirèrent que le désir des richesses et embrassèrent les moyens les plus illicites pour assouvir leur ambition démesurée ; ces *serviteurs des serviteurs de Jésus-Christ* prétendirent commander aux Rois ; non-seulement ils se saisirent, pour eux-mêmes, de la puissance temporelle, qui devint dans leurs mains une arme à deux tranchans, mais ils osèrent s'annoncer quelquefois comme les distributeurs des titres et les dispensateurs des couronnes. Les foudres de l'excommunication et les bûchers de l'inquisition servirent trop long-temps leur ambition et leurs fureurs.

Parmi tant d'autres traits à citer, *Jules II*, souillé de crimes, finit par excommunier *Louis XII*, qui l'avait aidé dans quelques-unes de ses entreprises. La cour de Rome lança ses foudres contre *Henri III* et déclara *Henri IV* indigne de régner.

Combien de fois ne semblait-elle pas avoir pris pour sa devise ce vers du satirique :

« Abîme tout plutôt, c'est l'esprit de l'Eglise. »

Aujourd'hui plus éclairée sur ses véritables intérêts comme sur ses devoirs, elle ne peut que déplorer un tel aveuglement, funeste cause de tant de maux, qui heureusement ne sont plus à craindre sous un pontife vertueux et pacifique, et dans un pays où respire, parmi tant d'autres institutions libérales, la liberté des cultes et des consciences.

C'est cependant en France que ces prétentions des papes ont toujours été repoussées avec plus de fermeté qu'en aucun autre pays de l'Europe, l'Angleterre exceptée. La Sorbonne, l'Université et surtout le Parlement de Paris ont déployé presque toujours la plus grande vigueur pour garantir nos Lois et notre Église des vexations de la cour de Rome, et pour défendre ce *droit naturel* qu'on appela depuis les *libertés de l'Église gallicane*.

Ce serait aujourd'hui une chose à peu près superflue et d'ailleurs fort ennuyeuse pour la plupart de mes lecteurs, de rapporter les divers articles de ces libertés, dont nous avons des traités complets et étendus.

Je me contenterai donc de rappeler une partie des privilèges dont jouissaient jadis, à ce sujet, nos Rois de France.

1°. Le Roi de France pouvait, sans consulter

.le pape, imposer extraordinairement ses sujets ecclésiastiques pour les besoins et la dépense du royaume;

2°. En certains cas il percevait les régales et nommait aux bénéfices vacans;

3°. Il pouvait faire obtenir des prébendes aux laïques de son obéissance dans les églises de son Royaume;

4°. Il ne pouvait être excommunié par aucun évêque ou prélat de son royaume.

5°. Il pouvait, en certains cas, conférer des bénéfices et des dignités ecclésiastiques, privilège que n'avait pas l'Empereur d'Allemagne lui-même.

6°. Pour l'élection des prélats, il fallait le consentement du Roi de France, autrement l'élection n'avait aucun effet.

7°. Les évêques et prélats du royaume ont toujours dû obéissance, fidélité et respect aux Rois de France.

8°. Le Roi connaissait (suivant la bulle du pape Martin) des affaires civiles entre les personnes ecclésiastiques, et au possessoire, des affaires spirituelles ou qui y ont rapport.

9°. Enfin les papes, par reconnaissance pour

les bienfaits qu'ils ont reçus en tout temps des Rois de France, ont fixé et établi des indulgences pour ceux qui prient pour le Roi de France. Innocent IV accorda dix jours d'indulgence pour une pareille cause. Clément accorda cent jours d'indulgence pour ceux qui prieraient pour le Roi, pour la paix et félicité du royaume.

En 1682, le clergé français lui-même, animé par le grand Bossuet, devenu, suivant la remarque de Voltaire, plus citoyen que romain, s'expliqua en ces termes dans ces quatre propositions :

1°. Dieu n'a donné à S. Pierre et à ses successeurs aucune puissance ni directe, ni indirecte sur les choses temporelles.

2°. L'Eglise gallicane approuve le concile de Constance, qui déclare les conciles-généraux supérieurs au pape dans le spirituel.

5°. Les règles, les usages, les pratiques reçues dans le Royaume et dans l'Eglise gallicane doivent demeurer inébranlables.

4°. Les décisions du pape en matière de foi ne sont sûres qu'après que l'Eglise les a acceptées. — Le parlement a toujours protégé avec une vigueur inflexible ces propositions fondamentales. Ces droits ont été successivement corroborés par des pragmatiques sanctions , par des concordats , et même par des articles récens stipulés entre le pape *Pie VII* et le gouvernement français en 1801 , ce qui nous dispense d'entrer dans de plus grands développemens.

§. VII.

De la majorité de nos Rois et de la Régence.

Un autre privilège de nos Rois de France , c'est celui que les lois de l'Etat leur ont accordé en les déclarant majeurs long-temps avant l'époque où le sont ordinairement les autres hommes.

Cette disposition a principalement pour objet de faire cesser les troubles et divisions qui affligent trop souvent les Etats pendant la minorité des Rois. Il paraît que, sous la première race de nos Rois , ils n'étaient pas majeurs avant leurs sujets. *Louis le Débonnaire* déclara dans la suite, en interprétant cette disposition, que toutes les affaires concernant l'Etat ou la propriété des mineurs doivent rester suspendues jusqu'à l'âge de vingt-quatre ans. Il semble que c'était l'âge d'une majorité entière; car nos Rois de la première race furent d'abord habiles à faire quelques actes dès qu'ils avaient dix-sept ans , âge auquel, suivant les lois romaines, on pouvait être armé soldat. Ceux du commencement de la troisème race furent majeurs à vingt-un ans , suivant la loi saxone.

Lorsque *Charles-le-Chauve* partit pour son premier voyage d'Italie, il nomma des conseillers de régence qui devaient se relever auprès de son fils pour l'aider alternativement dans l'administration de l'Etat, tant que des circonstances particulières ne l'obligeraient pas d'assembler la nation.

Charles-le-Sage ordonna, en 1375, que le fils de France, successeur de la couronne , serait majeur et hors de tutelle lorsqu'il aurait atteint l'âge de quatorze ans, sortant du treizième.

Cette ordonnance devint une des lois fondamentales de l'Etat.

Charles IX, né le 27 juin 1550 , déclara sa majorité le 14 août 1563 ; ainsi il était âgé de treize ans un mois et quelques jours. L'édit en fut vérifié le 25 septembre suivant au parlement de Paris, à cause de quelques difficultés survenues, parce que l'acte de déclaration avait été fait d'abord au parlement de Rouen.

Les Rois tenaient ordinairement un lit de justice

pour la déclaration de leur majorité, ainsi que pour déférer la régence pendant leur minorité aux Reines leurs mères ou aïeules, ou au premier prince de leur sang. *Dutillet* dit que ces lits de justice s'appelaient autrefois *le trône royal des Rois de France*.

C'est là qu'ils entendirent plus d'une fois ces remontrances libres à-la-fois et respectueuses de leurs parlemens.

Si la majesté des Rois, dit *Brillon*, éclate principalement sur le trône de leur justice, environnés comme ils le sont de ce qu'il y a de plus auguste parmi les princes, et de plus considérable dans la magistrature, on doit dire aussi que ce qui signale davantage la justice qui siège avec eux, est la bonté qu'ils ont d'entendre ce que le pur zèle a la force de leur expliquer dans ces occasions importantes où il s'agit de décider du salut de leur Etat et de la fortune de leurs sujets.

On en voit des preuves dans les plaidoyers de MM. Servin, Talon, de Lamoignon et autres.

Un lit de justice fut tenu, le 15 mai 1610, pour la régence de la reine-mère, et le 2 octobre 1614 pour la déclaration de la majorité de *Louis XIII*, qui atteignait sa quatorzième année.

En 1645, la Régente, *Anne d'Autriche*, se

détermina , dans les circonstances difficiles où elle se trouvait, à conduire *Louis XIV* au parlement. Le jeune Roi y parut en robe d'enfant le 15 janvier. Il prononça intelligiblement ces paroles : « Mes affaires m'amènent au parlement; mon « chancelier vous expliquera ma volonté. »

Louis XIV entrait le 7 septembre 1651 dans sa quatorzième année ; il se rendit en pompe au parlement pour déclarer sa majorité.

Sous la minorité de *Louis XV*, on remarque les lits de justice des 2 et 12 septembre 1715 , et du 25 août 1718. Dans les deux premiers on s'occupa de conférer la régence au duc d'Orléans.

Le 22 février 1723 , *Louis XV* tint son lit de justice au parlement pour la déclaration de sa majorité.

Quelquefois les Rois réglaient, par une disposition de dernière volonté, la manière dont serait établie la régence, et à quelle personne elle serait confiée. *Louis XIII* et *Louis XIV* s'en occupèrent dans leurs testamens, mais ces actes furent cassés et réformés par le parlement de Paris, que les circonstances politiques et les manœuvres des premières personnes de l'Etat avaient rendu aussi puissant qu'entreprenant.

Le sénatus-consulte du 28 floréal an **XII** avait fixé la majorité du prince à l'âge de dix-huit ans.

Il résulte de ce que nous venons de dire, que le Roi, même mineur, succède à la couronne et et aux droits souverains qui y sont attachés, dès l'instant même de la mort de son prédécesseur ; suivant la règle de droit, *le Roi de France ne meurt jamais ;* mais l'entier et libre exercice de cette autorité est confiée en son nom à la personne revêtue de la régence : ainsi le prince doit maintenir les conventions, promesses et sermens légitimes faits pour lui par ses tuteurs, sauf la responsabilité de ceux-ci. Car, dit *Puffendorff*, si, sous prétexte de la minorité du Roi, ces conventions pouvaient ensuite être révoquées, personne ne voudrait ni ne pourrait se fier aux promesses d'un Roi mineur.

§. VIII.

Droit de faire des Ordonnances et de proposer des Lois.

L'un des plus nobles privilèges des Rois en général est, sans doute, celui de faire des lois pour régler les affaires publiques et particulières de leur État. Car rien de plus respectable que la loi en elle-même. *Elle est dans un État*, dit Apulée, *ce qu'est un général dans une armée, ce qu'est Dieu dans l'univers.* Un souverain mérite donc et obtient de la considération par ses armes au-dehors et par ses lois au-dedans. C'est d'après le juste motif et le succès de celles-là, ainsi que par la sagesse et la justice de celles-ci, que la postérité le jugera. C'est d'après de tels titres, qu'elle lui assignera le rang qu'il doit tenir au milieu de la foule des princes. C'est enfin à la sage disposition des lois, à la prudence des ordres du prince, à la sagesse de ses vues dans le choix de ses ministres et dans la distribution de ses bienfaits, à réparer les maux que les guerres entraînent toujours à leur suite.

La loi, dit *Pasquier*, est le premier point de la grandeur du prince, et de laquelle il doit faire état, comme d'une grande minière. (En continuant cette figure, je dirai qu'il doit l'exploiter en *bon père de famille.*)

Lorsque les Francs se rendirent maîtres des Gaules, ils conservèrent à chaque peuple ses lois nationales, et à chaque particulier ses privilèges personnels. Ces promesses étaient même consa-

crées dans le serment des premiers Rois français.
« *Nous conservons à chacun sa loi.* »

Ces lois pouvaient se diviser, à cette époque, en lois romaines et en lois barbares. Les lois romaines étaient celles du code Théodosien, dont l'étude entrait nécessairement dans l'éducation des *enfans de qualité.* (*Filii ex majoribus.* Grég. de *Tours.*)

Dagobert, l'un de nos plus anciens législateurs, fit rédiger trois lois différentes, pour autant de peuples que comprenait son empire : la loi des *des Ripuaires*, la loi *des Allemands*, et la loi *des Bavarois.* Toutes ces lois ont beaucoup de rapport entr'elles et avec *la loi salique ;* mais aucune d'elles n'est précisément cette loi. Chacune de ces trois lois ne s'étend qu'à un peuple; la loi salique, au contraire, s'étend aux Francs et aux Bavarois.

Une nouvelle preuve de ceci, c'est que *Charlemagne* lui-même, qui vivait sous la loi ripuaire, ne cite que la loi salique toutes les fois qu'il est question des compositions et de leur évaluation.

Il ne faut pas oublier parmi les lois barbares, la loi *gombette*, qui tire son nom de *Gondebaud*, Roi et Législateur des Bourguignons.

Charles-le-Chauve excepte toujours de ses lois

pénales ceux qui vivent sous la loi romaine, selon laquélle il veut qu'il soit procédé contre eux, sans pouvoir y déroger en aucune manière.

Outre les différentes lois, il y avait encore, dès cette époque, des *coutumes*. Car un capitulaire ordonne que, toutes les fois qu'il y a une loi positive, elle l'emporte sur la coutume ; mais que là où il n'y a point de loi, la coutume doit en avoir la force.

Ces coutumes remontent à la plus haute antiquité, et peut-être nous viennent-elles des Gaulois. De-là leur immense variété.

Les *capitules*, ou, comme l'on a dit depuis par abus, les *capitulaires*, n'avaient pas la même autorité que les lois, ou, pour mieux dire, ils ne devenaient, à proprement parler, des lois, et n'avaient la force de la loi salique que lorsqu'ils étaient reçus du consentement de tous les notables aux plaids généraux.

Quant aux ordonnances qui eurent pour objet la manutention actuelle ou l'exécution des lois, les Rois les rendaient de l'avis de leur conseil et de leurs chevaliers seulement, lorsque leur effet ne devait pas s'étendre au-delà des provinces réunies à leur domaine. Mais, lorsqu'ils voulurent que des ordonnances de cette nature s'étendissent dans les provinces que possédaient les barons, et fussent observées dans tout le royaume, ils en traitèrent avec les barons, et le vœu du plus grand nombre d'entr'eux obligeait ceux qui n'y avaient pas voulu concourir. Ces réunions, qu'on appelait indifféremment *concile*, *colloque*, *cour*, et en vieux français *parliament* ou *parlement*, étaient une image des Etats – Généraux de la nation.

Les Rois promettaient d'observer eux-mêmes ces lois et de les faire observer ; et les barons devaient prêter main-forte contre les rebelles. De-là cette foule de petites guerres intestines dont parlent les historiens de la deuxième et même de la troisième race.

Non-seulement ces formalités étaient nécessaires pour la régularité des lois constitutives, on les suivit même pour des privilèges particuliers dont la concession pouvait intéresser des tiers. *Louis VI* n'accorda des privilèges à l'abbaye de *Saint-Maur* et à l'église de *Chartres* ; *Louis VIII* ne rendit son ordonnance contre les Juifs qu'après avoir pris l'avis des grands et notables du royaume.

« Une loi se fait, dit *Charles-le-Chauve*, par

« le consentement du peuple et la constitution
« du Roi. »

En rendant les Rois plus puissans et plus ab-
solus, l'abaissement des grands vassaux, l'érection des communes, la réunion des grands fiefs à
la couronne, donnèrent à *S. Louis* et à ses successeurs la faculté de faire des lois , en ne consul-
tant que leur conseil privé.

Philippe-le-Bel appela quelquefois aux assemblées de la nation cette partie du peuple que nous
avons désignée depuis sous le nom de *Tiers-
Etat.*

Plusieurs vassaux étaient encore trop puissans
et trop jaloux de leur puissance pour vouloir re-
courir à l'autorité du Roi pour lui demander une
loi ou décision officielle sur les questions qui
pouvaient se présenter dans l'étendue de leurs
provinces. De son côté le Roi était quelquefois
trop faible, et souvent trop timide pour la proposer lui-même ou la faire. Ainsi les peuples
étaient les victimes d'une jurisprudence incer-
taine et arbitraire. L'érection des parlemens sous
Philippe remédia à une partie de ces inconvéniens.
Si les assemblées de la nation devinrent plus
rares, les parlemens commencèrent par cela même

à participer à la puissance législative par le droit d'enregistrement, de vérification des édits et de remontrances contre leur contenu.

« Les premières remontrances que fit jamais le parlement, dit Voltaire, furent adressées à *Louis XI*, en 1461, sur cette fameuse pragmatique promulguée par *Charles VII* et par le clergé de France assemblé à Bourges. C'était une digue opposée aux vexations de la cour de Rome, digue trop faible, qui fut bientôt renversée. »

Depuis cette époque jusqu'à nos jours, les parlemens conservèrent ce droit auguste de faire, toutes les fois qu'ils jugeraient à propos, des remontrances contre les édits du Roi *pour le bien de la justice du royaume*. Ils en firent à *Louis XII*, à *François I*er, à *Henri III*, à *Henri IV*.

Le parlement de Paris disait à *Louis XIII* :
« Nous osons dire à V. M. que c'est un mau-
« vais annuel qu'on lui donne de commencer l'an-
« née de sa majorité par tant de commandemens
« de puissance absolue, et l'accoutumer à des
« actions dont les bons Rois comme vous, Sire,
« n'usent que fort rarement. »

« Autrefois, disait l'avocat-général à *Louis XIV*,
« cette cour a résisté à *François I*er, âgé de trente

« ans, et à présent l'on n'ose rien refuser à V. M.,
« même pendant sa minorité. »

Louis XIV, majeur, devenu aussi absolu que *Louis XI*, mais beaucoup plus juste, voulait qu'on enregistrât ses édits, et qu'après on fît, si l'on voulait, des remontrances par écrit. C'était dans ces circonstances que l'avocat-général, et souvent le premier président, forcés par des ordres souverains, se contentaient de faire des protestations publiques contre l'enregistrement de l'édit. *Nous requérons*, disait celui-là, *par exprès et absolu commandement du Roi, notre seigneur. . . .* etc.

Alors l'effet de l'édit était restreint : « Quand
« la cour, dit Papon, publie et homologue un
« édit : *de expresso mandato Regis*, l'on tient
« que tel entérinement n'a lieu que du vivant du
« prince. »

Après la mort de *Louis XIV*, on fit espérer au parlement qu'il rentrerait dans la plénitude de ses prérogatives. « A quelque titre que je doive
« aspirer à la régence, lui disait le duc d'Orléans,
« j'ose vous assurer, *Messieurs*, que je la méri-
« terai par mon zèle pour le service du Roi, par
« mon amour pour le bien public et surtout étant
« *aidé de vos conseils et de vos sages remon-*
« *trances.* »

On voit, par ce que j'ai dit, quelle différence essentielle il y avait entre cette cour de justice , appelée *parlement* et les Etats–Généraux de la nation.

Je n'en finirais pas si je voulais entrer dans de plus grands détails au sujet des lits de justice, des remontrances , du droit d'enregistrement et publication des édits, il faudrait faire une histoire entière des parlemens. Ce que j'ai dit est plus que suffisant pour prouver quels ont été de temps immémorial et successivement les droits de nos Rois en matière de législation.

Dans des siècles plus rapprochés de nous, une coutume invétérée n'exigea , pour la sanction et entière régularité de ces lois , ordonnances , édits ou déclarations , l'enregistrement aux cours et parlemens de France ; formalité qui les rendait inviolables et exécutoires pour l'avenir , lorsqu'elle avait été consentie librement.

Les différens changemens introduits dans la constitution politique de la France , dans ces derniers temps , ont dû modifier l'exercice de l'autorité de nos Rois de France , et par conséquent du droit qui en résulte de faire et proposer des lois.

Je ne parlerai pas des dispositions de notre droit

intermédiaire à cet égard ; ce serait me perdre dans une discussion qui dépasserait les bornes que je me suis prescrites, et qui d'ailleurs m'écarterait de mon but.

Aujourd'hui le Roi conserve, dans tous les cas, le droit de proposer et présenter les lois, de faire des ordonnances sur toutes matières qui concernent l'administration intérieure. Mais les chambres des Pairs et des Députés sont parties essentielles de la puissance législative dans tous les autres cas, et peuvent même supplier le Roi de proposer une loi sur quelque objet que ce soit, et indiquer ce qu'il leur paraît convenable que la loi contienne.

Ainsi, par un juste équilibre, les droits de la nation servent à affermir l'autorité royale.

« En même temps que nous reconnaissons, disait naguères *Louis XVIII* au peuple français, qu'une constitution libre et monarchique devait remplir l'attente de l'Europe éclairée, nous avons dû nous souvenir aussi que notre premier devoir envers nos peuples était de conserver pour leur propre intérêt les droits et prérogatives de notre couronne. » Paroles remarquables qui ont été les bases de la charte constitutionnelle.

Nos Rois d'ailleurs , ainsi que les bons Empereurs de l'ancienne Rome , se sont toujours fait un devoir d'obéir à la loi qu'ils ont donnée, de maintenir les promesses faites à leurs sujets. C'est en effet se rendre ainsi grand et respectable comme la loi elle-même.

Quiconque oserait donc soutenir que le Roi peut ou doit aujourd'hui revenir sur des actes qu'il a regardés lui-même comme sacrés et irrévocables, serait un insensé ou un traître qui ferait injure à son prince en le supposant capable de se jouer de ses sermens et de ses promesses.

« Il serait absurde de dire , s'écrie *Puffen-* « *dorff ,* que le prince en jurant s'est conservé la « faculté de tenir ou de ne pas tenir ses engage- « mens. »

Henri IV était bien pénétré de cette idée généreuse lorsqu'il disait à son Parlement : « Je « viens vous demander vos conseils, *les croire ,* « *les suivre ,* me mettre en tutelle entre vos mains ; « c'est une envie qui ne prend guères aux Rois , « aux barbes grises et aux victorieux ; mais mon « amour pour mes sujets me fait trouver tout « possible et tout honorable. »

§. I X.

Pouvoir d'accorder des Privilèges et Exemptions.

La prérogative des Rois de France de pouvoir faire spontanément des ordonnances et déclarations sur les objets qui n'étaient pas d'un intérêt public et général, donna naissance aux privilèges, qu'ils pouvaient naturellement accorder à des provinces, à des villes, à des corporations et même à de simples citoyens.

L'avis ou le consentement des grands du Royaume n'était exigé pour la confirmation de ces privilèges, que dans le cas où ils intéressaient directement des tiers, ou même l'ordre public, ainsi que nous l'avons vu au §. précédent. On doit dire en général, avec *Brillon*, qu'il n'appartient qu'au Roi d'accorder des privilèges : « *est enim* « *fons et origo bonorum.* »

Il y a au surplus une grande différence entre les bienfaits du Roi et les privilèges qu'il accorde. Ceux-ci font violence à la loi, si l'on peut parler ainsi ; ceux-là sont des effets de sa libéralité. Les premiers sont quelquefois nuisibles aux citoyens. Les autres *sunt vincula benevolentiæ.*

C'est pourquoi les privilèges ne doivent pas être accordés avec une trop grande facilité ; si la générosité est un des attributs honorables du souverain pouvoir, la prodigalité peut en devenir l'écueil. Aussi n'a-t-on pas craint quelquefois de révoquer des privilèges qu'on avait accordés inconsidérément. Il eût mieux valu être plus prudent et plus sobre dans la distribution.

Un des Rois de France, dont la mémoire est chère aux Français, *Louis XII*, dans son édit de 1499, ordonna *qu'on suive toujours la loi, malgré les ordres contraires que l'importunité pourrait arracher du monarque.*

Le chancelier de l'Hôpital donna une preuve de fermeté et même d'attachement au Roi, son maître, lorsque, malgré les ordres répétés qu'il reçut de la cour, il refusa de sceller la confirmation des privilèges de Saint-Maur-des-Fossés, *qui diminuaient la puissance du Roi et de ses successeurs.*

Au surplus, il est à observer que ces privilèges et exemptions n'ont de force que sous le règne du prince qui les accorde. Leur effet cesse sous leurs successeurs, s'ils ne les ont pas ratifiés.

Aussi jadis, à l'époque de l'avènement des Rois

à la couronne, les communautés, corporations, et les officiers particuliers, les parlemens et cours souveraines demandaient la confirmation de leurs privilèges.

De la Noblesse.

La plus grande faveur que puissent accorder les Rois, celle qui semble du plus grand prix, c'est sans doute la *Noblesse*, qu'ils peuvent conférer à ceux que leur mérite ou leurs services en ont rendu dignes ; de-là chez les anciens Francs, *le droit de porter les armes*, qui n'était pas une prérogative désirable, mais plutôt une obligation très-dure, quoique toujours en grande distinction.

Nous avons déjà vu que la noblesse n'était pas originairement héréditaire. On distinguait seulement les Francs et les Romains militaires, qu'on appelait *populus militaris*. Certains barbares furent admis par adoption à jouir des droits de ceux-ci. Telle fut l'origine de ces hommes *libres*, qu'on appela tous *Francs*. Charlemagne ne connaissait que deux conditions, la liberté et la servitude. Les colons, les serfs et les tributaires composaient l'une de ses conditions ; les militaires et hommes libres formaient sans doute l'autre. Plus d'un siècle

(5o)

après cette époque , on n'admit plus dans les exer-
-cices militaires que ceux qui étaient d'origine
libre et de race militaire. L'examen qu'on fit dans
les tournois de ces preuves de naissance , était une
espèce de généalogie qui se faisait sévèrement, et
d'après lequel on excluait tous ceux qui n'étaient
pas nés *libres* , c'est-à-dire que l'on n'y admettait
alors que ceux que nous appelâmes ensuite , fort
improprement, *barons*.

Voilà quelle fut l'origine de la noblesse en
France , et nos fastes anciens le prouvent évi-
demment.

Depuis long-temps , sans pouvoir en préciser
au juste l'époque , elle est conférée par nos Rois ,
de génération en génération. Notre nouvelle charte
constitutionnelle se contente de dire que *le Roi
fait des nobles à volonté*.

Il y aurait tant de choses à dire sur les privilèges , sur le port d'armes et sur les droits de
la noblesse en général , que cette digression
m'écarterait trop des bornes de cet opuscule.
Il m'a suffi d'indiquer en peu de mots cette nouvelle source des prérogatives des Rois de France.

§. X.

*Du Droit d'accorder des Lettres de grâce, d'abo-
lition, de naturalisation.*

Le pouvoir de faire grâce aux coupables, de
les réhabiliter par lettres d'abolition, d'accorder
des lettres de naturalisation aux étrangers, sont
autant d'attributs souverains qui me semblent
avoir le plus de rapport avec les privilèges dont je
viens de parler.

Les deux premiers de ces privilèges tendent à
détruire la loi, ou plutôt à la rendre sans effet.
Aussi le prince n'avait-il pas à cet égard un pouvoir illimité. Il est même toujours de son devoir,
comme de son intérêt, de n'user du droit de faire
grâce qu'avec modération dans des occasions rares,
et de manière que l'autorité de la loi n'en souffre
pas trop souvent ; c'est ce qu'exprimaient avec
force nos anciennes ordonnances : « et si, par im-
« portunité aucune, disait celle de 1579, quel-
« que grâce était par nous accordée, ne voulons
« nos juges y avoir aucun égard quelque jussion
« ou dérogation que nous ferons ci-après à la
« présente ordonnance. »

On se relâcha quelque peu de cette sévérité et

l'on se contenta de déclarer, dans l'ordonnance de 1670, « que, si le prince accordait des lettres « de grâce dans des cas qui ne sont point gra- « ciables, les cours et autres tribunaux devaient « entériner les lettres incessamment, sauf après « l'entérinement prononcé, le droit de faire des « remontrances. »

En 1738, le chancelier d'Aguesseau écrivait à l'un des premiers magistrats : « Sa Majesté m'or- donne de vous faire savoir qu'il n'y a point de lois ni d'ordonnances qui mettent des bornes, ni qui en puissent mettre à la clémence du Roi, sur- tout lorsque la condamnation étant une fois pro- noncée, suivant la rigueur des lois, Sa Majesté juge à propos d'adoucir cette rigueur et diminuer la peine que la justice n'a pu empêcher de pro- noncer. »

Lorsque la grâce était absolue, lorsque le prince dans ses lettres d'abolition n'avait pas expliqué l'effet qu'elles auraient, il semblait qu'elle devait effacer jusqu'au moindre vestige de la flétrissure du jugement, car l'on n'avait point admis chez nous cette règle de droit : *indulgentia principis quos liberat, notat.* (La grâce accordée par le prince est une tache pour celui qui l'obtient.)

Le droit de faire grâce, aboli en 1791, a été rétabli par le sénatus-consulte du 16 thermidor an 10. On n'avait pas tardé à s'apercevoir qu'en ôtant au souverain le droit auguste de faire grâce, c'était lui retirer un privilège non moins honorable pour le trône, qu'avantageux pour ses sujets dans certains cas.

Aujourd'hui, lorsque les cours, pour des motifs graves, jugent à propos de recommander les condamnés à la commisération du prince, la suspension de l'arrêt peut être ordonnée.

Quant à la réhabilitation, elle n'a aujourd'hui d'autre effet que de faire cesser pour l'avenir dans la personne du condamné toutes les incapacités qui résulteraient de la condamnation.

Les lettres de naturalité sont aussi une concession, une grâce, une donation que le Roi fait à l'étranger, et de la qualité de citoyen et des droits qu'il pourrait prétendre contre lui en qualité d'aubain. La grâce du prince, dit d'Aguesseau, a droit de faire des citoyens comme la nature, et quand la tache de leur origine est une fois effacée, on ne distingue plus celui qui est né français de celui qui l'est devenu.

Il fallait nécessairement que ces lettres fussent

enregistrées en la cour ou à la chambre des comptes.

Le Code civil semble faire renaître, en quelque sorte, ce privilège de la naturalisation, lorsqu'il dit : « que l'étranger qui aura été admis par l'autorisation du prince à établir son domicile en France, y jouira de tous les droits civils tant qu'il continuera d'y résider. »

On voit cependant que les effets de cette autorisation ne sont pas aussi étendus que ceux des lettres de naturalisation.

§. X I.

De différens autres Privilèges.

Il est différens autres droits des Rois de France que j'ai cru devoir réunir dans ce §., et y indiquer en peu de mots, tant parce qu'ils ne sont pas d'une grande importance, que parce que la plupart ne peuvent plus exister, à cause des changemens survenus dans notre constitution politique.

C'était autrefois un principe soutenu par les publicistes ou jurisconsultes français, que le Roi de France seul pouvait réhabiliter et légitimer dans son royaume. Le pape prétendait y exercer aussi des droits, concurremment avec lui ; mais on se servait, même dans nos parlemens, des anciens canons et statuts de l'Eglise pour lui refuser l'exercice de toute autorité temporelle en France. J'ai vu citer à ce sujet ce vers de Virgile :

« *Divisum imperium cum Jove Cæsar habet.* »

Cela ne prouve pas autre chose que l'abus de l'érudition, et peint l'ignorance de ces temps. Sous un prince sage et ferme en ses conseils, la cour romaine ne pouvait soutenir ni réclamer des prétentions usurpées dans des temps d'anarchie et sous un Roi fainéant.

Le Roi de France pouvait rendre habiles à succéder ceux qui n'avaient pas toutes les qualités requises ; c'est ce qu'il faisait en accordant ce droit, que les Francs nommaient *salva guardia.*

On voit un exemple de cette *custode*, ou *sauvegarde*, dans un ancien registre du Châtelet de Paris.

Le prince était aussi le seul qui pût connaître du *port d'armes*, c'est-à-dire des crimes de violence ou rebellion à main armée des châteaux ou des villes de son royaume, et qui par conséquent pût défendre ou ôter le port d'armes.

C'est aussi le Roi qui permet aux citoyens de changer de nom, et leur accorde l'autorisation d'en prendre et porter un autre.

Le Roi de France était le seul dans l'origine, qui pût proposer des impôts en France sur les terres de son obéissance, comme sur celles de ses domaines particuliers, et sur les apanages des princes. Cependant ses édits à cet égard étaient soumis aux mêmes formalités que celles exigées pour rendre les lois obligatoires et pour assurer leur exécution.

Aujourd'hui, le Roi lui-même a daigné donner une garantie à ses sujets en renonçant volontairement à un pareil privilége, et en déclarant au contraire que les lois concernant les impôts seraient l'objet des formalités les plus scrupuleuses exigées par la constitution pour la confection des lois.

Enfin, quoiqu'en France *personne ne puisse plaider par procureur*, le Roi de France est exempt de cette formalité, et c'est lui-même encore qui, seul, peut autoriser à ester en jugement les communes et corporations, même dans le cas où elles possèdent des revenus particuliers.

Je ne m'étendrai pas sur ces deux derniers priviléges, parce qu'ils tiennent plus du droit civil que du droit public , source des prérogatives des Rois de France.

Dans cet opuscule je n'ai point eu en vue de rappeler et développer également tous les droits de la couronne , je me suis borné à parcourir rapidement les principaux privilèges qui distinguent plus particulièrement les Rois de France des autres monarques. Je terminerai ces premiers essais (auxquels je pourrai donner quelque jour plus d'étendue) par quelques détails sur le cérémonial de la cour de France avec les autres souverains.

§. X I I.

Cérémonies , Titres , Prééminences.

Je ne veux point traiter dans ce dernier article du cérémonial en général , ni des prétentions souvent ridicules de tel grand seigneur , de telle dame de cour , qui exige le *haut pavé* ou le *tabouret.* De pareilles questions ne me tentent point, et je m'écrierais plus volontiers avec le sage : *ô vanité des vanités !*

Je n'entends traiter cette matière que légèrement , et seulement sous le rapport des prérogatives qu'elle établit en faveur des Rois de France.

Il est juste que le souverain soit environné d'un éclat, d'une pompe qui, auprès des autres nations, remplace, d'une manière plus sensible, la considération personnelle qu'il a obtenue chez ses sujets par son mérite, ses vertus, ou même par l'affection et la fidélité de ses peuples. La gloire du prince, la splendeur du trône réfléchit alors jusques sur la nation, et tourne souvent à l'avantage réel de l'un et de l'autre.

Les Rois de France furent long-temps arrêtés dans leurs projets et traversés dans leurs opérations par l'espèce d'anarchie qui régnait en France jusqu'au quinzième siècle. Les grands vassaux, les barons, jouissaient d'une telle autorité, que souvent les Rois de France étaient obligés de leur déclarer la guerre, et quelquefois même étaient vaincus par ces rebelles. Mais, lorsque le pouvoir de ses souverains fut augmenté par la réunion de ces fiefs et des grandes provinces à leurs domaines, ils furent alors les premiers qui commencèrent dans l'Europe à étendre les prérogatives royales et à faire respecter leur nom, leurs armes et leur trône, tant aux grands de leur royaume, qu'aux autres états limitrophes et aux monarques voisins.

Louis XI fit un grand pas dans cette nouvelle carrière ; il était également craint et respecté, au dedans et au dehors , par sa politique comme par ses succès.

Ce fut à lui que l'on donna généralement en Europe le titre de *Majesté* que n'avaient pas encore les Rois de France , désignés plus souvent dans quelques cours étrangères par l'expression *Altesse* qu'ils avaient conservée depuis *S.-Louis* jusqu'en 1474.

Parmi les anciennes prérogatives des Rois et Souverains de l'Europe en matière de préséance, réglée par la cour romaine , on remarque que le Roi de France était le premier sur la liste de ceux qui devaient être *oints* et *couronnés*. Le Roi d'Angleterre y est le second. Les autres Rois ne devaient pas être *oints;* « lequel ordre, dit *Bouchel,* fut aussi suivi dans les anciens conciles et de nos jours au synode tenu à Rome sous les papes *Jules II* et *Léon X.* »

En différentes occasions les Rois de France ont cru qu'il était de leur honneur et de leur devoir de soutenir les différens droits de ce cérémonial et de venger les injures faites à leur couronne.

En 1555, ils obtinrent au chapitre de l'ordre de la jarretière la préséance sur le Roi d'Espagne.

En 1521, le Roi de France l'avait fait respecter au Roi d'Espagne lui-même, élu déjà Empereur d'Allemagne.

En 1558, le sénat de Venise reconnut à cet égard les droits de la couronne de France.

Je ne fatiguerai pas davantage mes lecteurs par des recherches puisées dans l'histoire de temps que l'on peut encore accuser de barbarie. On ne doit pas oublier au reste que tout ce qui concernait alors le cérémonial était de la plus haute importance. Si le Roi de France, par les raisons exposées, avait à cette époque la préséance sur le Roi d'Espagne et même sur l'Empereur, on en concluait qu'il devait toujours l'obtenir, même pour l'avenir, sur les autres souverains.

Sans parcourir l'histoire intermédiaire, si nous en venons au règne de Louis XIV, nous y verrons ces disputes se renouveler d'une manière plus imposante et se décider toujours en faveur du Roi de France, qui n'ignorait pas que le respect que les autres nations témoignent à un souverain donne un nouveau relief à la bravoure, à la grandeur, à la dignité du peuple qu'il gouverne.

C'était la cour de Rome qui décidait autrefois de pareilles questions ; la France y avait toujours eu la préséance tant qu'elle avait été victorieuse.

Louis XIV avait obtenu satisfaction de l'Espagne en 1662, et fait graver une médaille qui portait en latin : *le droit de préséance confirmé et rendu incontestable;* et sur l'exergue : *le Roi d'Espagne fait excuse en présence de trente ministres étrangers.*

Bientôt il se vengea contre la cour romaine elle-même d'une insulte qu'il en avait reçue dans la personne de son ambassadeur, le duc de Créqui.

Alexandre VII ne put l'appaiser qu'en signant le traité de Pise ; *Louis XIV* promit d'oublier le passé, à condition que le cardinal, neveu du pape, viendrait en France, en qualité de légat, lui faire satisfaction ; que ceux auxquels ont attribuait l'insulte seraient privés de leurs emplois et banis de Rome ; que la garde corse serait cassée et qu'une pyramide serait élevée dans Rome, avec une inscription contenant l'injure et la réparation, Ces conditions furent exécutées.

Quant à la chancellerie allemande, ce fut à la paix de *Westphalie* qu'elle abandonna ses puériles et ridicules prétentions de prédominance. Les parties contractantes traitèrent d'égale à égale, et *Louis XIV* était encore mineur.

Voltaire prétend que depuis cette époque les grands souverains ont passé dans l'esprit des peuples pour être tous égaux, et celui qui a battu ses voisins, a eu la prééminence dans l'opinion publique. Si cela est vrai, la France doit toujours avoir acquis à cet égard une grande influence.

Telles sont les principales et les plus belles prérogatives des Rois de France, que j'ai cru devoir rappeler à la mémoire de mes compatriotes.

Je ne prétends pas les avoir toutes développées avec l'étendue qu'elles pouvaient mériter. Je n'ai fait en quelque sorte qu'indiquer la carrière brillante où peut s'exercer un plus vigoureux athlète.

L'ambition et l'intérêt personnel ne furent point mes guides. Ces trophées de nos Rois de France, qui sont épars dans les fastes de notre monarchie, je les ai contemplés avec admiration, étudiés avec plaisir, et recueillis avec soin.

Heureux si je pouvais les présenter à une auguste famille qui en agréerait peut-être l'hommage, parce que cette esquisse rappelle les précieux souvenirs des belles actions de ses ancêtres, et de l'attachement inviolable de leurs fidèles sujets !

« Hæc, si displicui, fuerint solatia nobis :
« Hæc fuerint nostri præmia, si placui. »

(MARTIAL.)

« Mon travail m'amuse, s'il ne sut pas vous plaire ;
« Mais si j'ai réussi, Lecteurs, c'est mon salaire. »